LE

JARDINIER

ET

SON SEIGNEUR

OPÉRA-COMIQUE EN UN ACTE

PAR

THÉODORE BARRIÈRE

MUSIQUE DE

LÉO DELIBES

Représenté pour la première fois, à Paris, sur le Théâtre-Lyrique, le 1er mai 1863.

PARIS

MICHEL LÉVY FRÈRES, LIBRAIRES ÉDITEURS

RUE VIVIENNE, 2 BIS, ET BOULEVARD DES ITALIENS, 15

A LA LIBRAIRIE NOUVELLE

1863

Distribution de la pièce

JEAN MACLOU, fermier................	M. GABRIEL.
PETIT-PIERRE, son filleul..............	Mlle A. FAIVRE.
LE BARON..........................	M. LEGRAND.
MARCASSE..........................	M. WARTEL
MARGOT, femme de Jean Maclou.........	Mme DUCLUS.
TIENNETTE, sa fille..................	Mlle ESTAGEL.

FILLES ET GARÇONS DE FERME, PIQUEURS.

S'adresser, pour la mise en scène, à M. ARSÈNE, régisseur général au Théâtre-Lyrique.

LE

JARDINIER ET SON SEIGNEUR

La ferme de Jean Maclou. — A droite, la maison. — A gauche, un hangar. Devant la maison, une table et des bancs. — Au fond, l'entrée d'un potager entouré d'une haie vive.

SCÈNE PREMIÈRE

Au lever du rideau, il fait petit jour; Maclou sort de la maison avec précaution; il tient une gaule à la main.

MACLOU, seul. Il écoute un instant, se glisse près de la haie et frappe deux grands coups de gaul à droite, puis à gauche.

V'lan! v'lan! (Il redescend avec découragement.)

COUPLETS.

I

V'là huit grand jours qu'un coquin d' lièvre
Est venu s' loger
Dans mon potager!
J' en suis malad' ! j'en ai la fièvre!
J' donn'rais dix écus
Pour mettr' la main d'sus!
Ah ! l' grand voleux ! la méchant' bête !
Foi d' Maclou,
J'en perds la tête,
Foi d' Maclou
J' en d' viendrai fou !

(Se tournant vers le potager.)
Hou!

II

Dès l' point du jour, pour l' prendre au gîte,
Comme un chien d'arrêt
Je m' tiens là tout prêt!...
Mais l' scélérat, dès que j' m'agite,
S'en sauve ou s'tient coi,
Pour mieux s' gausser d' moi!

Ah! l' grand voleux! la méchante bête!
Foi d' Maclou,
J'en perds la tête,
Foi d' Maclou,
J'en d' viendrai fou!

(Il ramasse une pierre et la lance de toutes ses forces dans le potager.)

Hou!

(On entend un éclat de rire, et Petit-Pierre paraît en se tenant le côté.)

SCÈNE II

MACLOU, PETIT-PIERRE.

PETIT-PIERRE.

Ah! ah! ah! ah!... dites donc, parrain, je l'ai reçu en plein!... Ah! ah! ah! c'est drôle, ça!

MACLOU.

C'est toi, imbécile!

PETIT-PIERRE.

Eh! oui donc qu' c'est moi!

MACLOU.

Qu'est-ce que tu me veux?

PETIT-PIERRE.

Figurez-vous, parrain, que j'avais quitté un instant nos bœufs pour venir à la ferme me rafraîchir un brin... Et, chemin faisant, je cueillais deçà delà quelques bluets dans les blés pour offrir à...

MACLOU.

A qui?

PETIT-PIERRE.

A mes bœufs.

MACLOU, lui prenant l'oreille.

C'est-il point plùtôt pour ma fille Tiennette?

PETIT-PIERRE.

Et v'là que...

MACLOU.

Réponds donc!

PETIT-PIERRE, riant.

Ah! ah! ah! vous me faites mal tout d' même!... Et v'là donc que je reçois votre pierre en plein dans le côté!... ah! ah! ah! quand je pense que si je l'aurais reçue sur la tête aussi bien, — vous m'auriez tué tout net!... c'est drôle, ça!

MACLOU.

C't animal-là... il rit de tout!

PETIT-PIERRE.

Eh! oui, donc!... v'là mon caractère à moi!... c'est pas comme vous qui n'êtes jamais content de rien! Mais à propos, pourquoi donc qu' vous jetez comme ça des pierres dans votre potager?

MACLOU.

Est-ce que tu ne sais point qu'y a bouté là-dedans un gredin de lièvre qui ravage et saccage tout! qui mange nos choux, nos laitues, tout, quoi!

PETIT-PIERRE.

Ce n'est que ça!... merci Dieu! y a bien dans vos champs de quoi nourrir cent lièvres sans qu'il y paraisse beaucoup.

MACLOU.

Cent lièvres! Tu m'y fais penser! si le brigand avait de la famille!

PETIT-PIERRE.

Ah! dame!... ça s'est vu!... Les lièvres se marient entre eux. (Avec un soupir.) Ils s' marient plus facilement que les garçons de ferme!

MACLOU, le reprenant par l'oreille.

Ah! je t'y prends à r'luquer la main de Tiennette!

PETIT-PIERRE.

Eh! oui donc que je r'luque sa main, et son pied aussi... Et tout da!...

MACLOU.

Eh ben!... tu n'auras ni son pied ni sa main, et nous verrons alors si tu riras!

PETIT-PIERRE.

Ah! j' rirai tout d' même, pour me consoler.

MACLOU.

Eh ben, je te flanquerai à la porte de la ferme!

PETIT-PIERRE.

J' rirai tout de même!

MACLOU.

Eh ben, je te chasse tout de suite!

PETIT-PIERRE.

Vrai! vous me chassez! (Riant.) Ah! ah! ah! me v'là sans place! c'est drôle ça!

MACLOU.

Veux-tu pas rire!

PETIT-PIERRE.

C'est plus fort que moi!

COUPLETS.

I

Quand quelqu' chos' vous tracasse,
Vous entrez en fureur !
Moi, plus j' suis dans l' malheur,
Et moins j' fais la grimace !
Vous pleurez jour et nuit,
Et moi j' ris à toute heure ;
Vous êtes Jean qui pleure,
Et moi j' suis Jean qui rit !

II

Chacun son caractère :
Moi je n' m'afflige de rien,
Et je crois que c'est pour not' bien
Qu'on nous a mis sur terre !
Vous pleurez jour et nuit,
Et moi j' ris à toute heure ;
Vous êtes Jean qui pleure,
Et moi j' suis Jean qui rit !

MACLOU.

Ah ! c'est comme ça !... Eh ben, nous allons voir. (Il prend sa gaule.)

PETIT-PIERRE, se tenant les côtes.

Ah ! ah ! ah ! ah !... ça va bien !... à coups d' pierres tantôt... à coups d' gaule à c't'heure. (Maclou le poursuit en levant sa gaule pour le frapper. Entrent Tiennette et Margot qui se placent entre Maclou et Petit-Pierre.)

SCÈNE III

Les Mêmes, TIENNETTE, MARGOT.

TIENNETTE.

Ah ! mon père !

MARGOT.

Eh ben, not' homme !

QUATUOR.

ENSEMBLE.

MARGOT.

Pourquoi donc maltraiter c' garçon ?

TIENNETTE.

Qu'a t-il fait d' mal, l' pauvre garçon ?

PETIT-PIERRE.

Si ça l'amuse, il a raison !

MACLOU.

Je m'en vais t' faire changer d' chanson.

SCÈNE III.

TIENNETTE.

Mon pauvr' Pierr',

PETIT-PIERRE.

Ma chère Tiennette!

MACLOU.

Cet animal-là rit pour m' narguer!
Son rir' commence à m' fatiguer.

PETIT-PIERRE.

Battez-moi!... (A part.) J'aurai la fillette!

ENSEMBLE.

MACLOU.

J' m'en vais t' faire changer d' chanson!

MARGOT.

Pourquoi donc maltraiter c' garçon?

TIENNETTE.

Qu'a-t-il fait d' mal, l' pauvre garçon?

PETIT-PIERRE.

Si ça l'amuse... il a raison!

MACLOU.

C'est toujours l' rir' sur la lèvre
Qu'il m'abord' quand j' suis furieux!

MARGOT et TIENNETTE.

Furieux d' quoi?

MACLOU.

De c' maudit lièvre,
Qui mang' nos choux, là, sous nos yeux!

TIENNETTE et MARGOT.

Comment! vous y pensez encore!

MARGOT.

V'là c' qui vous éveill' dès l'aurore!

PETIT-PIERRE, riant.

C'est vrai qu' les lièvr' ont de fameus' dents!

MACLOU, le menaçant.

Ah! gredin!...

PETIT-PIERRE.

Suffit! J' ris en dedans!

ENSEMBLE.

MACLOU.

Je me tiens à quatre
Pour ne pas le battre,
A grand tour de bras!
Quand sur son épaule
Pleuvront les coups d' gaule,
P't-être qu'il n' rira pas.

PETIT-PIERRE.

Vous pouvez bien m' battre!
Battez-moi comm' plâtre;
N' vous en privez pas!
J' sais sur mon épaule
R'cevoir les coups de gaule,
Sans fair' d'embarras.

TIENNETTE et MARGOT.

A quoi bon le battre !
Rions tous les quatre,
Ne nous fâchons pas !
Sa mine est si drôle !
Laissez là votr' gaule !
Tendez-lui vos bras.

MARGOT.

N' faites donc pas l' méchant, notr' homme.

MACLOU.

S'il rit encore, je l'assomme.

PETIT-PIERRE.

N' vous gênez pas, mon parrain ;
Moi quand on m' bat, ça m' met en train.

MACLOU.

Ah ! l' gredin !

MACLOU.	PETIT-PIERRE.
Je me tiens à quatre, Etc.	Vous pouvez bien m' battre, Etc.

TIENNETTE et MARGOT.

A quoi bon le battre ?
Etc.

MARGOT, retenant Maclou et lui arrachant sa gaule.

Voyons, voyons, notre homme ! n' faites donc pas le méchant, que je vous dis ! (Elle le fait asseoir sur un banc.)

TIENNETTE, apportant un morceau de pain et des pommes.

Tiens, mon Pierre, v'là ton déjeuner.

PETIT-PIERRE.

Merci bien, mam'zelle ! (Il va s'asseoir sur la table et se met à manger.)

MACLOU, se retournant.

Hein ! qu'est-ce que c'est ?

TIENNETTE, allant à lui.

Je dis, mon père, que nous avons vendu ce matin tous nos fruits et tous nos légumes.

MACLOU.

Ah !

MARGOT.

Et v'là déjà nos blés tout jaunes.

MACLOU.

Oui, oui, la moisson sera bonne.

TIENNETTE.

Et la vendange aussi.

MACLOU.

Oui... Et au printemps prochain nous pourrons encore acheter un ou deux lopins de terre.

PETIT-PIERRE, la bouche pleine.

Plaignez-vous donc, parrain! bientôt vous en aurez tant que vous ne saurez où les mettre.

MACLOU.

Qu'est-ce qui te parle, à toi?

PETIT-PIERRE.

Je ne dis rien.

MARGOT.

Ah! dame!... c'est la vérité que tout nous réussit! car c'te ferme est ben à nous maintenant.

MACLOU.

Oui, oui, je suis mon propre fermier. Toutes ces terres-là sont à moi, et M. le baron n'a rien à y voir... J'ai tout payé en bons écus sonnants.

MARGOT.

Et je gagerais bien que ce baron-là, tout baron qu'il est, n'est point si heureux que toi.

MACLOU.

Oh! oh!... un baron, pas si heureux qu'un paysan!

PETIT-PIERRE, mordant dans une pomme.

C'est qu'on dit que le baron a une femme... et que la baronne a un amoureux.

MACLOU, se levant.

Qu'est-ce qui te parle?

PETIT-PIERRE.

Je ne dis rien.

MARGOT, à Maclou.

Tandis que toi tu as une femme qui t'aime bien.

MACLOU.

C'est vrai. (Il embrasse Margot.)

MARGOT.

T'as une gentille fillette.

MACLOU.

C'est vrai! (Il embrasse Tiennette.)

PETIT-PIERRE.

Oh! oui, que c'est vrai!

MACLOU.

Eh ben, oui, je suis heureux... très-heureux! (Se tournant vers le potager.) Et sans ce gredin de lièvre!

TIENNETTE et MARGOT.

Encore !

PETIT-PIERRE, s'avançant résolûment vers Maclou.

Je promets de le prendre, moi, votre lièvre !

MACLOU.

Toi !

PETIT-PIERRE.

Oui... si vous consentez seulement à...

MACLOU.

A quoi ?

PETIT-PIERRE.

A me bailler la main de votre fille.

MACLOU, le repoussant.

Va-t'en au diable !

MARGOT.

Au fait, notre homme, Petit-Pierre est notre filleux, et v'là Tiennette en âge de se marier.

TIENNETTE.

Il me semble bien qu'oui.

PETIT-PIERRE.

Et vous aurez deux bons enfants qui vous aimeront bien, père Maclou.

TIENNETTE.

Qui vous mettront dans du foin !...

PETIT-PIERRE.

Et qui vous feront rire.

MACLOU.

Laissez-moi tranquille ! (Remontant.) Tant que je ne tiendrai pas ce maudit lièvre !

TIENNETTE.

Puisqu'il promet de le prendre !

MACLOU.

Eh bien, qu'il me l'apporte... et nous verrons.

PETIT-PIERRE.

C'est dit, parrain ; nous verrons c' soir !

MACLOU.

Chut !... Entendez-vous là-bas ? (On entend une fanfare lointaine.)

PETIT-PIERRE.

Oui, c'est M. le baron qui chasse dans le bois avec tous ses chiens et ses piqueux... je les ai vus sortir du château dès le matin.

MACLOU.

Le baron qui chasse par ici ! quelle idée ! (Il réfléchit.)

MARGOT, bas à Tiennette.

Si j'osais... j'irais lui demander pour Petit-Pierre cette place de garde-chasse qui est vacante... il me l'accorderait peut-être... et alors ton père ne pourrait plus refuser de vous marier...

TIENNETTE.

Voulez-vous que j'aille le trouver, moi?... un baron ne m' fait pas peur.

MARGOT.

Chut !... A quoi pensez-vous donc, notre homme ?

MACLOU, à part.

Oui, c'est une bonne idée... il n'y a que ce moyen-là de m'en débarrasser.

TIENNETTE.

Qu'est-ce qu'il a donc à se parler bas ?

MARGOT, à Maclou.

Vous vous en allez ?

MACLOU.

Oui, oui, je vas faire un tour dans nos vignes, pour voir si le raisin s' porte bien ; à tantôt...

MARGOT.

Mais...

MACLOU.

Occupez-vous de votr' soupe, notre femme... (A part.) Il me semble que la chasse se rapproche. (Nouvelles fanfares plus rapprochées.) Faut que je les rattrape. (Il sort en courant.)

MARGOT.

L' pauvre homme !... je crois qu'il devient fou ! (A Tiennette.) Allons, Tiennette, viens m'aider à faire le dîner. (A Petit-Pierre.) Et toi, garçon, retourne auprès de tes bœufs.

TIENNETTE.

Oui, ma mère.

PETIT-PIERRE.

Oui, marraine !... (Margot entre dans la ferme.)

SCÈNE IV

PETIT-PIERRE, TIENNETTE.

DUO.

PETIT-PIERRE, retenant Tiennette.

Restez donc là, près de votr' amant,
Un p'tit moment, rien qu'un moment !

TIENNETTE.

Non ! non ! n' perdez pas un moment !
Prenez, prenez vite,
C' maudit lièvre au gîte !

PETIT-PIERRE.

Un p'tit moment ! rien qu'un moment !
Je veux un à-compte
Sur mes droits d'époux !
Sans peur et sans honte,
Vite embrassons-nous !

TIENNETTE, tendant la joue.

Sans peur et sans honte,
Soit, embrassons-nous !...
Prenez un à-compte,
Sur vos droits d'époux !

(Petit-Pierre embrasse Tiennette.)

PETIT-PIERRE.

Rien que d'penser que j' s'rai votr' époux,
Rien que d' penser qu' vous s'rez ma femme,
Ça m' met l'esprit tout sens d'sus d'sous,
Ça me r'mu' jusqu'au fin fond de l'âme.

(Il soupire.)

TIENNETTE.

Mais pourquoi soupirer... vous qui riez toujours ?

PETIT-PIERRE, d'un air langoureux.

Ah ! moi qui ris toujours !
Quand j' pense à mes amours,
Je n' suis plus en train d' rire !
Ma félicité
M'enlèv' ma gaîté,
J' ris quand j' suis attristé ;
Quand j' suis heureux j' soupire !

TIENNETTE.

Eh bien, moi,
Par ma foi !
C'est tout le contraire :
J'ris de bon cœur
D' mon bonheur
Quand j' suis sûr' de plaire !

PETIT-PIERRE.

Rien qu' d'êtr' près d' vous
J' sens qu' j'ai la fièvre !

TIENNETTE, riant.

Dépêchez-vous
D' saisir c'gueux d'lièvre !

PETIT-PIERRE.

J' sauv'rai vos choux,
J'aurais c' gueux d'lièvre !

(L'attirant doucement à lui.)

Mais en attendant
Embrassons-nous, encor'... encore, ma chèr' Tiennette !

TIENNETTE.

J' crois qu'on nous guette !
Soyez prudent !

ENSEMBLE.

PETIT-PIERRE.

Je veux un à-compte
Sur mes droits d'époux !
Sans peur et sans honte,
Vite embrassons-nous !

TIENNETTE.

Sans peur et sans honte,
Soit, embrassons-nous !
Prenez un à-compte
Sur vos droits d'époux !

(Petit-Pierre l'embrasse de nouveau en soupirant.)

MARGOT, dans la coulisse.

Tiennette ! Tiennette !

TIENNETTE.

Ma mère m'appelle !... Adieu ! adieu ! (Elle entre dans la ferme.)

SCÈNE V

PETIT-PIERRE, seul.

Est-elle gentille !... Est-elle mignonne ! je suis si heureux... j'suis si content que j'en pleurerais ! Mais faut d'abord que je tienne ma promesse ! j'vas me mettre à l'affût dans le potager... et si le lièvre montre ses oreilles... v'lan ! je mets la main dessus ! et nous le mangerons au repas d' noce ! (Il remonte vers le fond.) Mais qu'est-ce que je vois là ?... mon parrain qui s'en revient en causant avec M. le baron ! M. le baron et son piqueux, le grand Marcasse !... Qu'est-ce qui peuvent donc s'dire ? j'suis pas curieux... mais... j' vas toujours me cacher là pour entendre. (Il se cache sous le hangar.)

SCÈNE VI

MACLOU, LE BARON, MARCASSE.

MACLOU, avec de grandes salutations.

Entrez donc, monsieur le baron, entrez donc chez nous un moment, s'il vous plaît...

LE BARON.

Comment te nommes-tu, mon brave homme ?

MACLOU.

Maclou, monseigneur, Jean Maclou, pour vous servir.

LE BARON.

Ah ! oui, je me souviens, tu étais autrefois le jardinier du château, je crois ?

MACLOU.

Oui, monseigneur.

LE BARON.

Et tu dis que tu as une grâce à me demander?

MACLOU.

Oui, monseigneur.

LE BARON.

Alors dépêche-toi.... car j'ai hâte de rejoindre la chasse.

MARCASSE, frappant Maclou de son fouet.

Dépêche-toi, drôle!

MACLOU, à part.

Aïe!... (Haut.) Oui, monsieur Marcasse! (Au baron.) Voilà de quoi il retourne, monseigneur... Faut vous dire qu'il y a chez nous depuis longtemps un scélérat de lièvre qui nous fait un dégât... un dégât du diable, quoi!... et l' plus vexant, c'est que cette maudite bête-là s' rit des piéges et des traquenards.

LE BARON.

Eh bien!... qu'est-ce que ça me fait?

MARCASSE.

Qu'est-ce que ça nous fait? (Il donne un coup de fouet dans les jambes de Maclou.)

MACLOU, avec une grimace.

Oh là! (Souriant.) Je voulais simplement, prier monseigneur de me débarrasser de l'animal.

LE BARON.

Comment, maraud! belître, butor! c'est pour cela que tu m'as arrêté! que tu me fais venir dans ton taudis!... Tu veux que je courre le lièvre dans un champ de laitues! tu mériterais!...

MARCASSE.

Voulez-vous que je l'assomme, monseigneur?

MACLOU, effrayé.

Ah! mais non!...

LE BARON.

Vingt coups de fouet suffiront.

MARCASSE.

Ce n'est guère. (Il poursuit Maclou à coups de fouet.)

MACLOU.

Au secours! au secours! (Petit-Pierre sort de sa cachette. Tiennette et Margot sortent de la ferme.)

SCÈNE VII

LES MÊMES, PETIT-PIERRE, TIENNETTE, MARGOT.

MARGOT.

Qu'est-ce donc? qu'y a-t-il ? — mon pauvre mari?

TIENNETTE.

Mon père!

PETIT-PIERRE.

Mon parrain !...

MACLOU, se frottant les mollets.

Aïe! aïe! aïe! oh là!

LE BARON, au fond.

C'est bien! suis-moi, Marcasse...

TIENNETTE et MARGOT.

Monsieur le baron!

LE BARON, se retournant.

Que vois-je là! malpeste! d'où sort ce joli minois? (Il s'approche de Tiennette.)

MARCASSE.

D'où vient cette grosse commère? (Il s'approche de Margot.)

MACLOU.

C'est ma femme et ma fille, monseigneur.

TIENNETTE et MARGOT, faisant la révérence.

Votre servante, monsieur le baron.

LE BARON, prenant le menton à Tiennette.

Une joli fille, ma foi!

MARCASSE, prenant la taille à Margot.

Une belle femme, corbleu!

MARGOT, se dégageant.

Monsieur plaisante.

MARCASSE.

Mais non.

TIENNETTE, baissant les yeux,

Monseigneur veut rire.

LE BARON.

Mais non.

MACLOU, bas à Tiennette et à Margot

Allez! allez! j'ai mon idée.

TIENNETTE.

Ah!

MARGOT.

Ah!

LE BARON, riant.

Qu'est-ce que tu me disais donc, mon cher Maclou? ne me priais-tu pas de chasser sur tes terres? Je ne demande pas mieux, palsembleu! je ne demande pas mieux! (Il recommence à lutiner Tiennette.)

MARCASSE, avec un gros rire.

Nous ne demandons pas mieux! (Il se rapproche de Margot.)

PETIT-PIERRE, s'avançant.

Eh ben, eh ben, excusez! vous ne voyez donc rien, parrain?

LE BARON.

Qu'est-ce que c'est?

MARCASSE.

Qu'est-ce qu'il y a? (Il lui lance un coup de fouet dans les jambes.)

MACLOU.

Attrape!

PETIT-PIERRE.

Ah! ah! ah! ah! merci bien! c'est drôle, ça!

LE BARON.

Ainsi c'est convenu, Maclou, mon ami, nous allons courre le lièvre chez toi! Sois tranquille, va, tu te souviendras de notre visite, (à part), et ta fille aussi.

MARCASSE, à part.

Et ta femme aussi.

PETIT-PIERRE, à part.

Et moi itou! Rira bien qui rira l' dernier, comme dit c't autre.

LE BARON.

Mais je t'avertis que mes piqueurs sont un peu fatigués et qu'ils doivent avoir diablement soif et faim à l'heure qu'il est...

MACLOU.

Ah! ils ont...

MARCASSE.

Soif et faim.

PETIT-PIERRE.

Eh ben, nous les f'rons boire et manger! pas vrai, parrain?

LE BARON.

Et mon cheval aussi.

MARCASSE.

Et mes chiens aussi.

PETIT-PIERRE.

Et le diable itou ! (A part.) Ça va bien !

MARGOT, bas à Maclou.

Ils vont boire notre vin, manger nos provisions.

MACLOU.

Oui, mais j'aurai l' lièvre !

LE BARON, à Maclou.

Allons, père Maclou ! (A Petit-Pierre.) Allons, garçon, vite à la cave, au cellier ! courez, dépêchez-vous ! apportez les jambons, les bouteilles ! (A Marcasse.) Toi, Marcasse, fais signe à nos hommes de venir... (A Margot.) Vous, la mère, mettez le couvert. (A Tiennette.) Et toi, fillette, reste près de moi ! (Il veut saisir Tiennette qui lui échappe.)

PETIT-PIERRE, riant.

Ça va bien !... ça va bien !

MACLOU.

Pourquoi ris-tu ?

PETIT-PIERRE.

Dame ! c'est drôle tout ça !

MACLOU, se grattant l'oreille.

Tu trouves, toi ! (Il lui tourne le dos et s'éloigne.)

PETIT-PIERRE.

V'là un lièvre qui coûtera cher ! je vas chercher les bouteilles.

TIENNETTE.

Et moi les jambons.

MARCASSE.

Par ici, les amis, par ici. (Entrée des piqueurs.)

SCÈNE VIII

LES MÊMES, LES PIQUEURS DU BARON.

LE CHŒUR DES PIQUEURS.

Tayaut, tayaut !
Vive le bruit ! vive la chasse !
Vive le grand air et l'espace !
Tayaut, tayaut !
Quels cris, quelle ardeur ! quelle joie !
Le cor sonne ! la meute aboie !
Hau ! hau ! hau ! hau !
Tayaut !

MACLOU.

Messieurs, criez un peu moins haut !

LE CHŒUR.

Tayaut !

MACLOU.

Le bruit n'est pas ce qu'il nous faut!

LE CHŒUR.

Tayaut! tayaut!
Vive le bruit! vive la chasse!
Vive le grand air et l'espace!
Tayaut! tayaut!
Quels cris! quelle ardeur! quelle joie!
Le cor sonne! la meute aboie!
Hau! hau! hau, hau,
Tayaut!

MACLOU, se bouchant les oreilles.

Leurs cris m'ont crevé les oreilles.

PETIT-PIERRE, accourant avec un panier plein de bouteilles.

Parrain, j'apporte les bouteilles.

TIENNETTE, apportant le pain et les provisions.

Voici des jambons et du pain.

MARCASSE.

Amis, apaisons notre faim.
Et buvons pour nous mettre en train.

LE CHŒUR.

Amis, apaisons notre faim,
Et buvons pour nous mettre en train.

(Marcasse distribue les jambons et les bouteilles.)

LE BARON, à Tiennette.

Mignonne, donnez-moi la main,
Vous m'aimerez, j'en suis certain.

TIENNETTE, s'échappant.

Non, monseigneur, laissez ma main!

PETIT-PIERRE.

J'ris d' l'embarras d' mon pauvre parrain!

MARGOT.

Ils vont nous ruiner, c'est certain.

MACLOU.

J'aurai mon lièvre, j'en suis certain!

(Les piqueurs mangent et boivent; — les bouteilles et les jambons circulent de main en main. — Marcasse verse à boire au Baron.)

LE BARON, MARCASSE et le CHŒUR.

Allons, vieux Maclou, sans façon,
Bois avec nous, fais-nous raison!

MACLOU.

Merci, je n'ai pas soif!

LE BARON, à Tiennette.

Et vous une chanson!

TOUS.

Oui, oui, Tiennette, une chanson!

TIENNETTE.

Je n'en sais point ! non, non, non.

PETIT-PIERRE.

C'est moi qui m'charg' de la chanson!
Écoutez-moi!

LE CHOEUR.

Chante, mon garçon!

PETIT-PIERRE

I

Quand le père Mathurin
Maria sa fille,
On vit, dès l' matin,
V'nir tout' la famille.
Nièces et neveux,
Cousins et cousines,
Marchaient deux à deux,
Autour des cuisines,
Et trois violoneux
Raclaient devant eux.
Ah! qué tapage!
Qué r' mu' ménage!
Qué gaspillage
Dans la maison!
Vite à la broche
Tous les dindons!
Et qu'on décroche
Lard et jambons!
Et allez donc!
Invitez donc
Vos parents à la noce!
Tous ces gens-là
Vous ont, oui-da!
Un appétit féroce!
Tire lan lair! tire lan la!

II

L' seigneur du pays
S'était mis en chasse,
Et tous ses amis
Couraient sur sa trace;
L' beau pèr' comme un sot,
En ch'min les arrête,
L' seigneur aussitôt
S'invite à la fête,
Avec tous les siens,
Ses gens et ses chiens!
Ah! qué bagarre!
Qué tintamarre!
Et qué fanfare
Dans la maison!
Chacun s' fait gloire,

Sans plus d' façon,
D' manger et de boire
Plus que d'raison !
Et allez donc !
Invitez donc !
Les seigneurs à la noce !
Tous ces gens-là
Vous ont, oui-da
Un appétit féroce !
Tire lan lair ! tire lan la !

LE CHOEUR.

Tire lan lair ! tire lan la !
Qué drôle de noc' que c' te noc'-là !

LE BARON, bas, à Tiennette.

A la brune ici, mon joli minois,
Reviens m'attendre en tapinois.

MARCASSE, bas à Margot.

J' veux vous r'voir tantôt encore une fois !

PETIT-PIERRE.

Ça va bien ! ça va bien ! l' parrain s'en mord les doigts.

MACLOU, à part.

Tatigué ! j'en ai la fièvre !

LE BARON.

Et maintenant en chasse ! allons courre le lièvre !

REPRISE DU CHOEUR.

Tayaut ! tayaut !
Vive le bruit, vive la chasse !
Vive le grand air et l'espace !
Tayaut ! tayaut !
Quels cris ! quelle ardeur ! quelle joie !
Le cor sonne, la meute aboie !
Hau ! hau ! hau ! hau !
Tayaut !

(Le Baron sort avec Marcasse et les piqueurs. On les voit courir à droite et à gauche à travers le potager. Le cor retentit de temps en temps, pendant la scène suivante, et le bruit de la chasse s'éloigne peu à peu.)

SCÈNE IX

MACLOU, PETIT-PIERRE, TIENNETTE, MARGOT.

PETIT-PIERRE, riant à se tenir les côtes.

Ah ! ah ! ah ! ah !

MACLOU.

Veux-tu te taire, toi !

PETIT-PIERRE.

Les v'là lancés dans le potager ! (Imitant le son du cor.) Tara ! tara ! tara !... ta ! ta ! ta ! ta ! ta ! ta ! courent-ils ! sautent-ils !

cabriolent-ils! s' donnent-ils du mouvement! c'est comme une trombe, quoi! Tara! tara! tara!... l'auront-ils, ne l'auront-ils pas! (On entend plusieurs coups de feu.) Pan! pan! patapan!... V'là qui tirent sur vos choux!... (Descendant et venant en scène.) C'est la mort aux légumes que c't' chasse-là.

MACLOU.

Mes pauvres choux!

TIENNETTE.

Notre pauvre jardin!

MARGOT.

Une jolie idée qu' t'as eue là, notre homme!

PETIT-PIERRE, courant au fond.

Bon, v'là le lièvre qui saute par-dessus la haie... et les chiens qui sautent après... et M. le baron qui enfonce la clôture pour faire passer son cheval... y a plus de clôture! ils sont dans l' verger à c't' heure! et allez donc! en v'là-t-il du bruit et du dégât pour un pauvre lièvre du bon Dieu!... avec ça qu'ils ne l'auront point!

MACLOU.

Monseigneur, monseigneur! arrêtez!... j'en ai assez! j' demande sa grâce! monseigneur, grâce pour le lièvre! (Il sort en courant et en criant; le bruit de la chasse s'est éloigné, on entend encore un ou deux coups de fusil.)

PETIT-PIERRE.

Eh! parrain; attendez-moi, parrain! Tara! tara! tara! Pif! paf! pan! (Il sort en courant et en imitant le son du cor et le bruit des coups de fusil.)

SCÈNE X

TIENNETTE, MARGOT.

MARGOT, débarrassant la table.

Il est bien temps de courir, maintenant que le mal est fait. C'est encore une jolie idée que ton père a eue là de les amener chez nous. (A part.) Et M. Marcasse qui m'a priée tout bas de venir l'attendre ici à la brune. (A Tiennette.) Viens m'aider, fillette. (A part.) C'est égal, M. Maclou a de la chance d'avoir une femme honnête... sans ça... son lièvre lui coûterait plus cher qu'il ne croit, l' pauv' cher homme!... (Elle entre dans la ferme.)

TIENNETTE, aidant sa mère.

M. le baron m'a dit de l'attendre ici. Faut qu'il m'accorde la place de garde-chasse pour Petit-Pierre.

MARGOT rentrant, à part.

Mais j' veux qu'il ait peur tout de même et qu'il profite de la leçon... v'là le soir qui vient... j'ai mon idée. (A Tiennette.) Viens, fillette. (Elles entrent dans la ferme, Marcasse passe la tête au dessus de la haie et s'avance avec précaution. Le jour commence à baisser.)

(Musique à l'orchestre.)

SCÈNE XI

MARCASSE, seul.

Ma foi, tant pis! je les plante là! qu'ils chassent sans moi s'ils veulent... il y a un autre lièvre par ici, bien plus gras et bien plus appétissant, que je veux tâcher de prendre au gîte... Et ce lièvre-là se nomme Margot, Margoton!...

COUPLETS.

I

Il est un vieux dicton,
Ton, ton,
Margoton!
Il est un vieux dicton,
Bien connu dans l' canton :
Mon pèr' le t'nait d' son père,
Qui le t'nait d' sa grand'mère,
Depuis plus de cent ans!
Et c' vieux dicton qu' j'admire,
A raison de nous dire,
Qu'il n' faut jamais courir deux lièvres en mêm' temps!
Oui, l' proverbe a raison!
Ton, ton,
Margoton!
Oui, l' proverbe a raison,
Margoton!

II

Les vieux loups, nous dit-on,
Ton, ton,
Margoton
Les vieux loups, nous dit-on,
N' guett'nt jamais qu'un mouton;
Moi j'approuve leur méthode,
Et j' crois qu' c'est plus commode,
Qu' d'en guetter deux ou trois:
Quand on suit double trace,
On fait mauvaise chasse!
Il n' faut jamais courir deux lièvres à la fois.
Oui, l' proverbe à raison,
Ton, ton,
Margoton!
Oui, l' proverbe a raison,
Margoton!

(La nuit est venue peu à peu.)

SCÈNE XII

MARCASSE, LE BARON.

LE BARON, s'avançant sur la pointe du pied.

Parbleu ! cette petite me tient au cœur, et je veux profiter de la sottise du père.

MARCASSE, à part.

Je crois qu'on marche.

LE BARON.

Voici le soir venu, l'ombre nous favorise; et la belle, je l'espère, ne se fera pas attendre.

MARCASSE.

C'est madame Maclou qui me cherche ! (Le Baron et Marcasse se dirigent l'un vers l'autre sans se reconnaître.)

LE BARON.

Tiennette !

MARCASSE.

Margot ! (Ils se heurtent violemment.)

ENSEMBLE.

Holà !

LE BARON.

Marcasse !

MARCASSE.

Monsieur le baron !

LE BARON.

Comment ! drôle ! c'est toi ?

MARCASSE.

C'est vous, monseigneur ?

LE BARON.

Que viens-tu faire ici ? (Riant.) Est-ce que par hasard ?...

MARCASSE.

Oui, monseigneur.

LE BARON.

Tu attends madame Maclou ?

MARCASSE, riant.

Comme vous, Tiennette.

LE BARON.

Chut !... si la baronne t'entendait !

MARCASSE.

Il me semble qu'on remue par-là.

LE BARON.

On vient.

ENSEMBLE.

C'est elle! (Ils remontent.)

SCÈNE XIII

LES MÊMES, TIENNETTE, MARGOT.

LE BARON.

Belle Tiennette!

TIENNETTE, allant au-devant du Baron.

Monseigneur!

MARCASSE.

Chère Margot!

MARGOT, allant à la rencontre de Marcasse.

Monsieur Marcasse!

LE BARON, à part.

Elle est prise!

MARCASSE, à part.

Je la tiens!

QUATUOR.

LE BARON, à part.

Pendant que notre homme est en chasse,
Et que son lièvre au loin s'enfuit,
Me voilà maître de la place,
Sachons profiter de la nuit.

MARGOT, à part.

Pendant que notre homme est en chasse,
Sachons-nous défendre sans lui;
Apprenons à monsieur Marcasse
A respecter le bien d'autrui.

MARCASSE, à part.

Pendant que l'époux est en chasse,
Sans pitié moquons-nous de lui!
Ici c'est moi qui le remplace,
Emparons-nous du bien d'autrui.

TIENNETTE, à part.

Pendant que mon père est en chasse,
Et que P'tit-Pierre court après lui,
Bon gré mal gré, j'aurai la place;
Monseigneur va répondre : oui.

LE BARON.

Aimable Tiennette.
Gentille fillette,
Comble mon espoir!

Près de moi dans l'ombre,
Dans ce bosquet sombre,
Consens à t'asseoir.

MARCASSE.

Aimable commère,
Livre sans colère,
Ton cœur aux abois !
Permets qu'on t'embrasse,
Et viens prendre place
Sur ce banc de bois.

(Le baron entraîne doucement Tiennette à droite, Margot et Marcasse se sont assis à gauche sur un banc.)

REPRISE DE L'ENSEMBLE.

LE BARON.

Pendant que notre homme est en chasse,
Etc.

MARGOT.

Pendant que notre homme est en chasse,
Etc.

MARCASSE.

Pendant que l'époux est en chasse,
Etc.

TIENNETTE.

Pendant que mon père est en chasse,
Etc.

LE BARON, à Tiennette.

Allons, Tiennette, un doux baiser !

TIENNETTE.

Non, monseigneur. (A part.) Il faut ruser.

MARCASSE.

Allons, Margot, point de grimace !

MARGOT, le repoussant.

T'nez-vous tranquill', monsieur Marcasse.

LE BARON, à Tiennette.

Que ton cœur se laisse toucher !

MARGOT, à Marcasse.

A bas les mains ! ou j' vas me fâcher !

TIENNETTE, au Baron.

Si vraiment vous tenez à m' plaire,
Monsieur l' baron, y a p't êtr' moyen...

LE BARON.

Dis-moi vite ce qu'il faut faire,
Allons, parle sans crainte.

TIENNETTE.

Eh bien !

MARGOT, à part.

Nous y v'là !

MARCASSE.

Mais...

MARGOT, le repoussant.

N' dites donc rien !

(Elle se lève.)

TIENNETTE, au Baron.

J' voudrais la place
De garde-chasse.

LE BARON.

Pour toi ?

TIENNETTE.

Non, pour mon amoureux.

LE BARON.

Ah ! oui-da ! pour ton amoureux !

TIENNETTE.

Monseigneur, soyez généreux.

MARCASSE, se rapprochant de Margot dans l'ombre.

Ah ! j' vous retrouve enfin !... c'est heureux !

MARGOT, cherchant à lui échapper.

C't animal-là devient dang'reux !

LE BARON, à Tiennette.

Pardonne-moi, ma chère ! cette place,
Depuis longtemps est promise à Marcasse...

TIENNETTE.

Bah ! qu'import' !... r'prenez-la !

LE BARON.

Eh bien, pour un baiser, ma foi, je te la donne.

TIENNETTE.

Si c'est tout d' bon, signez-moi ça.

LE BARON, tirant des tablettes et écrivant.

Tiens !

TIENNETTE, prenant les tablettes et esquivant le baiser.

Merci, monseigneur.

MARCASSE, embrassant Margot.

Ma foi, tant pis.

(Margot lui donne un soufflet.)

Oh la !

TIENNETTE et MARGOT, riant.

Le tour est fait !

MARCASSE.

Ah! coquine!

LE BARON.

Ah! friponne!

(Le Baron cherche Tiennette, Marcasse veut rejoindre Margot. Les deux femmes leur échappent en riant. Le Baron et Marcasse finissent par se heurter dans l'ombre.)

ENSEMBLE.

LE BARON, à part.	MARCASSE, à part.
De ce tendron Voyez l'audace! Pour un baron Quelle disgrâce! Corbleu! morbleu! Ce maudit jeu Ma mis en feu!	De cet affront... Ah! quelle audace! Mes jou's gard'ront Long'temps la trace Corbleu! morbleu! Ce maudit jeu M'a mis en feu!

TIENNETTE et MARGOT, riant.

Pauvre baron!
Pauvre Marcasse!
Le tour est bon.
A nous la place!
Oui, grâce à Dieu,
Ce joli jeu
Comble mon vœu!

(Maclou paraît au fond avec une lanterne. Le théâtre s'éclaire.)

SCÈNE XIV

LES MÊMES, MACLOU.

MACLOU.

Ah! bah!... qu'est-ce que je vois là!

MARGOT.

Vous v'là revenu, vous!... ne vous dérangez donc pas... monsieur Maclou!... M. Marcasse nous tiendra compagnie jusqu'à demain... r' tournez à votre lièvre!

MACLOU.

J'en ai assez de mon lièvre, et de messieurs les piqueurs... et des chiens... et de tous les autres...

MARCASSE.

Quels autres?

MACLOU.

Je m'entends... v'là mes blés saccagés, mes vignes foulées, mon jardin retourné... Et l'animal n'est pas encore pris, par-dessus le marché!

MARGOT.

Ah! bah!

TIENNETTE.

Vraiment?

TOUS, riant.

Le lièvre est encore vivant! (Ils rient tous les quatre. Petit-Pierre accourt à toutes jambes, tenant par les oreilles un lièvre dont le cou est orné d'un nœud de rubans roses.)

SCÈNE XV

LES MÊMES, PETIT-PIERRE.

PETIT-PIERRE.

Le v'là!... je le tiens!

MACLOU.

Ah! l' gredin! je le reconnais!

MARGOT et TIENNETTE.

Comment as-tu fait pour le prendre?

LE BARON.

Et ce nœud de rubans... comment se fait-il?...

PETIT-PIERRE.

Je vas vous dire la chose en deux mots... Je vois ma bête filer à travers champs... pendant que les chiens et les chasseurs couraient après d'un autre côté... je prends mes jambes à mon cou et me v'là lancé sur sa piste... Le gredin fait un crochet... et je le vois entrer tout droit... devinez où?... En plein dans le parc de M. le baron... j'entre aussi, moi... il s' glisse dans un bosquet... je m' glisse aussi, moi... mais v'là le plus drôle!... le bosquet était habité, nous trouvons madame la baronne en causerie... avec un bel officier... La baronne pousse un cri, l'officier tire son épée... et moi je saisis par les oreilles mon animal qui s'était tout bêtement embourbé les pattes dans les falbalas de la dame... L'officier s' mit à rire, madame la baronne aussi!... et moi itou, voilà.

LE BARON.

Ah ça! mais, que signifie...?

PETIT-PIERRE.

Quant au nœud de rubans, c'est madame la baronne elle-même qui a voulu orner le cou de la bête... avec une lettre pour vous, monseigneur, sauf votre respect.

LE BARON.

Une lettre?

PETIT-PIERRE.

La v'là. (Il détache la lettre et la donne au baron.)

LE BARON, lisant.

« Mon cher baron, je vous annonce une bonne nouvelle...

Pendant que vous êtes en chasse, j'ai reçu la visite de mon cousin le colonel... qui vient passer avec nous la belle saison... » Ce cher marquis!... quelle aimable surprise!

MARGOT, riant à part.

C' pauvre baron!

PETIT-PIERRE, bas à Maclou, lui montrant le baron.

Dites donc, parrain... en v'là un lièvre dans son jardin!... et plus dangereux que le vôtre ; c'est pas aux choux, qu'il en veut, celui-là!

MACLOU.

Tu crois? (Ils se poussent du coude en riant.)

TIENNETTE.

Petit-Pierre, remercie monseigneur qui te nomme garde-chasse du château!

PETIT-PIERRE, avec joie.

Moi, garde-chasse!

MARCASSE.

Comment! comment! permettez... c'est à moi que la place était promise! (Appels de cor dans le lointain.)

LE BARON.

En route, Marcasse!... rejoignons nos gens qui rentrent au château... je te promets autre chose... et nous prendrons ici notre revanche! (A Maclou.) Toi, mon brave homme, je te payerai ta récolte, ce sera la dot de Tiennette!

TOUS.

Vive monseigneur!

LE BARON.

Et je m'invite d'avance à la noce!...

PETIT-PIERRE

C'est bien honnête de votre part, monsieur le baron, mais...

LE BARON.

Quoi donc?

PETIT-PIERRE.

COUPLET FINAL.

Quand le jour s'ra v'nu
D'aller à l'église.

TIENNETTE.

Quand tout s'ra conv'nu,
Faudra qu'on vous l' dise.

PETIT-PIERRE.

Mais je n' voulons pas
Qu' not' fêt' vous dérange ;

TIENNETTE.

Et nous f'rons le r' pas
Sans vous dans not' grange,

PETIT-PIERRE.

Au bruit des sabots
Des verr's et des pots !
Ah ! qué bombance !
Qué pétulance !
Et comme on danse
Sur le gazon !
On s' cogne, on s' pousse,
Et chaqu' garçon
Saute et s' trémousse
Comme un poisson !
Eh ! allez donc !
Laissez-nous donc
Faire sans vous la noce !
On voit chez nous
Certains époux
D'un' jalousi' féroce !
Lire lan lair ! lire lan la.
Profitez bien de c't avis-là!

TOUS.

Lire lan l'air ! lire lan la !

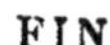

FIN.

Imprimerie de L. TOINON et Cie, à Saint-Germain.